NOTICE HISTORIQUE

SUR LA COMMUNE DE

TINCOURT - BOUCLY

NOTICE HISTORIQUE

SUR LA COMMUNE DE

TINCOURT-BOUCLY

NOTICE HISTORIQUE

SUR LA COMMUNE DE

TINCOURT ~ BOUCLY

(CANTON DE ROISEL)

Par Hector JOSSE

De la Société des Antiquaires de Picardie.

PÉRONNE

Typ. et Lith E. Quentin, Grande Place, 33

—

MDCCCVC

NOTICE HISTORIQUE

SUR LA COMMUNE DE

TINCOURT-BOUCLY [1]

I

NOTIONS TOPOGRAPHIQUES

Le territoire de Tincourt-Boucly, circonscrit par ceux de Roisel, Marquaix, Longavesnes, Templeux-la-Fosse, Buire, Carligny et Hancourt, s'étend sur une superficie de 1.280 hectares. Il occupe le fond et les deux versants d'une vallée qu'arrose la Cologne (2), et il englobe

(1) M. Elisée Caffart, maire de la commune, a bien voulu nous permettre de puiser largement dans les archives municipales et dans ses archives personnelles pour la rédaction de cette notice. Nous lui en exprimons ici toute notre reconnaissance.

(2) La rivière de Cologne prenait autrefois sa source dans les bois de ce nom, situés dans l'Aisne, à plus de douze kilomètres en amont de

1

dans son périmètre cinq anciens villages ou hameaux, savoir : Hamel-le-Quesne et Tincourt-le-Haut, sur le versant septentrional ; Tincourt-le-Bas, également sur la rive droite, mais plus près de la rivière ; Boucly, sur la rive gauche ; enfin Belloy-en-Vermandois, tout à fait au Sud, sur le plateau, à l'extrémité du territoire, vers Hancourt et Bernes (cartes du XVIe siècle).

Nous consacrerons un paragraphe spécial à chacun de ces centres d'habitations. Disons de suite, néanmoins, que les deux Tincourt se sont réunis en une seule agglomération, au point qu'il serait assez difficile, aujourd'hui,] d'indiquer leur ancienne ligne de démarcation, et que Belloy-en-Vermandois n'existe plus.

Au point de vue historique, les lieux

Tincourt Elle]n'est plus alimentée aujourd'hui que par les fontaines qui émergent entre Tincourt et Boucly, près de la gare du chemin de fer de Picardie et Flandres. Ses eaux proviennent de la nappe aquifère qui existe entre l'assise de la craie grise à *Micraster breviporus* et l'assise de la craie blanche à *Micraster cor testudinarium*.

dits du territoire offrent peu d'intérêt. Nous mentionnerons seulement la *Vallée de Bellenglise*, rappelant une ancienne famille seigneuriale ; le *Bois des Prêtres ;* le *Quesnoy*, fief qui a donné son nom à la famille Rabache du Quesnoy, de Péronne ; le *Moulin à l'Eau*, ancien moulin seigneurial de Tincourt, aujourd'hui détruit ; et surtout la *Fosse-à-Caudron*, dont la renommée s'étend dans toute la contrée, et à laquelle s'attache une tradition naïve. C'est là, au dire de nos crédules ancêtres, que tous les sorciers du pays se réunissaient, à diverses époques, mais surtout dans la nuit du 23 au 24 juin, pour cueillir les herbes de la Saint-Jean, nécessaires à leurs maléfices, et pour se livrer à leurs rondes infernales, une fois la récolte faite, dans le simple costume d'Adam au paradis terrestre. Mais la *Fosse - à - Caudron* a d'autres attraits pour l'historien : elle lui rappelle le nom de son premier possesseur, Pierre Caudron, vivant au XVIᵉ siècle, qui en fit don aux religieuses de Biaches. Elle lui rappelle aussi un combat singulier entre deux gentilshommes du pays, que nous retrouverons plus loin.

Tincourt-Boucly et Hamel appartenaient jadis aux bailliage et élection de Péronne, et à l'intendance d'Amiens.

Ils comptaient 110 maisons, en 1769 ; 750 habitants en 1844 ; 760 habitants et 160 maisons, en 1868. D'après le dernier recensement, la population est descendue à 688 habitants ; mais elle tend à remonter, grâce à l'industrie des phosphates, dont le territoire contient des gisements considérables.

II

HAMEL-LE-QUESNE & TINCOURT-LE-HAUT

A la fin du XIIe siècle, Hamel-le Quesne, ainsi que Boucly, appartenait à Philippe-Auguste, qui les abandonna à Gautier de Péronne, en échange de Bray et de Proyart, le 12 mai 1210. (Histoire de Bray, pages 35 et 298.)

Jean de Péronne, seigneur desdits lieux, épousa Elisabeth. châtelaine de Lille. Il en eut deux fils : Jean III de Péronne et Lupard.

Lupard de Péronne eut en partage, outre quelques droits sur Boucly, la terre de Hamel-le-Quesne et celle de Bellenglise, près Saint-Quentin. Il devint la tige de la famille de Hamel-Bellenglise et adopta pour armoiries : *de gueules au chef d'or, brisé de 3 molettes à 5 po nies, de sable.*

Son fils aîné, Gérard, seigneur de Hamel et Bellenglise, n'eut point de postérité.

Hugues, deuxième fils de Lupard, succéda à son frère et fut père de :

Jean 1er de Hamel qui, en 1274, confirma la fondation de la chapelle d'Isel.

Ses deux fils, Colard et Jean II, transigèrent, le 9 juillet 1315, avec leur cousin, Pierre de Boucly, pour les droits qu'ils avaient encore sur Boucly.

Jean II de Hamel, seigneur dudit lieu, eut pour fils Simon, seigneur de Hamel, Bellenglise, etc., qui épousa Isabeau Le Boutheillier de Senlis, sa parente, veuve de Jean de la Tournelle. Il vivait encore et portait les armes en 1348.

Robert de Hamel-Bellenglise, leur fils, fournit au roi dénombrement de sa terre de Hamel, le 13 avril 1383.

Jean III de Hamel, fils aîné du précédent, fut tué à la bataille d'Azincourt (1415).

Gilles, son frère cadet, lui succéda. Il avait épousé, en 1415, Marie de Cais, dont il eut trois enfants : Louis, qui suit ; Pierre de Hamel, chanoine, archidiacre de Cambrai, et Marie de Hamel, épouse de Jean de Carient.

Louis de Hamel avait épousé, en 1444, Jeanne d'Amerval, fille de Jean d'Amerval, seigneur de Villers-Carbonnel, et de Marguerite d'Ailly. Il en eut :

Antoine de Hamel-Bellenglise, qui, en 1476, épousa Marie de Chepoix, fille de Perceval de Chepoix, vicomte de Clugny, et de Jeanne de Rubempré. Ils furent inhumés dans l'église d'Eslincourt-Sainte-Marguerite, près Compiègne, après avoir donné naissance à Jacques, qui suit ; à Guillaume, chanoine, prévôt de la cathédrale d'Amiens, inhumé dans cette basilique le 3 janvier 1543 ; et à Marie-Jeanne, femme d'Antoine de Bazincourt.

Jacques de Hamel-Bellenglise épousa Marie de Boubert, fille de Jean de Boubert et de Simone de Rambures. Leurs enfants furent Claude, Nicolas, Antoine et Jacques.

Claude devint gouverneur de Corbie, lieutenant-général de Picardie, etc. Il épousa Marie-Barbe de Ravenel, dont il eut : 1° Charlotte de Hamel, mariée à François des Essarts, gouverneur de Montreuil ; 2° Barbe, mariée à Antoine de Gourlay ; 3° Antoine, qui suit :

Antoine de Hamel-Bellenglise devint maréchal de camps. Il épousa Vulgane de Blandosche, et vendit la terre de Hamel, dont ses ancêtres avaient pris le nom, à Gallois de Blécourt, le 7 avril 1595 (Colliette. Mémoires sur le Vermandois, liv. XVI, n° 26 ; tome II, p 727 à 730).

Gallois de Blécourt, comte de Tincourt, nous occupera plus longuement, ci-après, au paragraphe consacré à Tincourt le-Bas.

Il eut pour successeur Antoine de Blécourt, dont la veuve, Charlotte de Bellois, s'intitule encore dame de Hamel en 1642.

Néanmoins, Michel d'Estourmel (1),

(1) Estourmel : *de gueules à la croix crételle d'argent.*

gouverneur-général de Péronne, mort en
1605. prenait aussi le titre de seigneur
de Hamel-le-Quesne. Cela semble indiquer
qu'à cette époque, la seigneurie était
partagée, ou que l'un des deux seigneurs
avait le domaine utile, tandis que
l'autre n'en possédait que la suzeraineté.
Quoi qu'il en soit, aucun des possesseurs
de Tincourt ne revendique le titre de
seigneur de Hamel, après la veuve
d'Antoine de Blécourt.

Michel d'Estourmel, seigneur dudit
lieu, de Templeux, Haizecourt, Driencourt, Marquaix, *Hamel-le-Quesne*, Guyencourt, Roisel en partie, Mesnil-St-Firmin,
Fonches, Champien, Longastre, etc.,
gouverneur-général de Péronne, Montdi-
dier et Roye, épousa successivement
Antoinett· d'Espinay-St-Luc, en 1565,
puis Françoise de Pellevé, veuve de Jean
de Pisseleu-Heilly. Il eut de son premier
mariage deux fils : 1° Antoine, qui suit ;
2° Charles, décédé en 1585.

Antoine posséda les titres et seigneuries
de son père, du vivant de celui-ci, qu'il
précéda de deux ans dans la tombe, en
1603. Il avait épousé Madeleine de Blan-

chefort, et l'avait rendue mère de deux filles et d'un fils, qui suit.

Louis d'Estourmel-Surville ayant perdu son père avant d'être parvenu à la majorité, fut émancipé à 18 ans. Il mourut en 1631 à Paris, après avoir pris alliance avec Marthe de Neufbourg, dont il eut Marthe, qui suit, et Catherine, carmélite à Paris.

Marthe d'Estourmel Surville, dernière de sa branche, transporta ses biens dans la famille d'Hautefort, en épousant, en 1650, Gilles de Hautefort (1), comte de Montignac, puis marquis d'Hautefort, capitaine, puis lieutenant-général des gens d'armes d'Orléans, et enfin premier écuyer de la reine.

Dès les premiers jours de son mariage, Gilles de Hautefort eut à lutter contre l'abbé du Mont-Saint-Quentin, seigneur de Hamelet, et contre Paul de Folleville, seigneur de Boucly, qui prétendaient l'un et l'autre s'approprier la chapelle de

(1) Hautefort : *d'or à 3 forces ou ciseaux de sable, 2 et 1.*

Moyenpont, dépendant de la seigneurie de Marquaix. Il fallut quatorze ans de procédure au comte de Montignac pour triompher des prétentions du couvent du Mont-Saint-Quentin. Mais le différend fut plus vite tranché avec le seigneur de Boucly. Les deux gentilshommes, guerriers tous deux, s'accommodaient mal des lenteurs de la justice ; ils convinrent de mesurer leurs droits en champ clos, et se rencontrèrent à la *Fosse-à-Caudron*. Le sort des armes fut favorable à Gilles de Hautefort, sans doute, car jamais, depuis lors, les seigneurs de Boucly, ne contestèrent plus Moyenpont aux seigneurs de Marquaix.

De son mariage avec Marthe d'Estourmel-Surville, Gilles de Hautefort eut 15 enfants, parmi lesquels nous distinguerons Marie-Aimée.

Marie-Aimée de Hautefort fit rentrer les terres et seigneuries de Templeux-la-Fosse, Haizecourt, Guyencourt, Driencourt, Marquaix, *Hamel-le-Quesne*, etc , dans la famille d'Estourmel, branche de Suzanne, par son mariage, le 3 mai 1683, avec Louis II, marquis d'Estourmel,

vicomte de Fouilloy (lès-Corbie), baron
de Cappy, seigneur de Suzanne, Frise,
Heudicourt-lès Dompierre, etc. Ce mariage eut lieu à Paris, en l'église Saint-
Germain-l'Auxerrois. Le contrat en avait
été passé au palais de Versailles, en présence du roi Louis XIV, de la reine
Marie-Thérèse d'Autriche, du Dauphin,
de la Dauphine, et de toute la Cour.

Louis II d'Estourmel mourut à 51 ans,
le 17 avril 1702. Sa femme le suivit dans
la tombe, en 1713. Ils eurent huit enfants :
quatre filles et quatre fils, savoir : Louis
III, qui suit ; Constantin-Louis, appelé aux
plus hautes dignités de l'Ordre de Malte ;
Louis-Charles-Marie, abbé commendataire
de Séry, et François-Louis, qui suivra,
après Louis III.

Louis III, marquis d'Estourmel, seigneur
de Marquaix, *Hamel-le-Quesne et Tincourt*,
etc., ne vécut que 56 ans. Né en 1687,
il mourut au combat de Nuys, près Dus-
seldorff, en 1741, sans alliance.

Son dernier frère, François-Louis, né
en 1695, devint alors marquis d'Estourmel, etc. Il épousa le 9 mars 1743 Louise-
Françoise-Geneviève Le Veneur, puis, le

3 octobre 1748, Marie-Anne-Madeleine de Maizière.

Du premier mariage naquit, le 14 mars 1744, Louis-Marie, marquis d'Estourmel, etc., dernier seigneur de *Hamel et Tincourt-le-Haut.* Des nombreux titres dont il fut revêtu, nous ne citerons que celui de député de la noblesse aux Etats généraux de 1789, pour les Etats de Cambrésis, et de député au Corps législatif, en 1805 et 1811, pour le département de la Somme. Il mourut en décembre 1823. Dès l'année 1787, par acte sous seing-privé, il avait vendu ses domaines de Marquaix, Hamel-le-Quesne et Tincourt-le-Haut à Louis-Denis-Hyacinthe-Joseph de Thieffries de Rœux, que nous retrouverons ailleurs. Toutefois, cette vente ne devint irrévocable qu'à la suite d'un acte authentique passé devant Mᵉ Gobel, notaire à Péronne, le 26 juillet 1792.

III

TINCOURT - LE - BAS

§ I. — SEIGNEURS

Tincourt-le-Bas était autrefois plus rapproché qu'aujourd'hui de son moulin à l'eau et du territoire de Buire. On en a la preuve irrécusable dans la situation de l'église, qui se trouve actuellement presque en dehors du village, bien que son emplacement n'ait point varié depuis le XIIIᵉ siècle. Peu à peu, à la suite des guerres du XVIIᵉ et du XVIIIᵉ siècles, sans doute, les maisons se reconstruisirent sur le [versant de la colline, et rejoignirent celles de Tincourt-le-Haut.

Jusqu'au milieu du XVIIᵉ siècle, le château de Tincourt s'éleva dans le marais, en face de la fontaine que tout voyageur remarque aux abords de la gare du chemin de fer. Son emplacement, accusé par des amoncellements de pierres et par l'inégalité du terrain, est englobé dans le périmètre du nouveau parc de Boucly, ou recouvert par les voies de garage du chemin de fer. Sa situation au centre de marais fangeux (aujourd'hui convertis en prairies) lui donnait quelque importance, en rendant son accès difficile ; et la tradition, guide peu sûr, avouons-le, a conservé le souvenir de visiteurs qui, trompés par l'obscurité de la nuit, seraient tombés

2

dans une fondriè e, où ils auraient été
engloutis aveo leur équipage.

Nous signalerons plus loin les causes de
la déoadence et de l'abandon de ce château.

La seigneurie de Tincourt, comme celle
de Hamel, dépendait jadis de celle de
Boucly. Elle en fut séparée à une époque
qu'il nous serait diffioile de préoiser.

On trouve aux archives nationales (1)
un dénombrement du fief de Tincourt
présenté en 1388, par Gilles Egret, bour-
geois de Péronne.

En 1550, Charles de Dargies (2) possédait
le domaine, qui était passé, en 1569, à sa
veuve, Anne de Blécourt (3).

(1) B. I, topog., tom. 214, et P. 135, fo 93,
n° 140.

(2) Dargies : *d'or, à l'orle de merlettes de sable.*

(3) Edits, arrèts, etc., du bailliage de Péronne, de
1547 à 1769, tome 1', p 557.

Blécourt : *de gueules au lion d'argent.*

Anne de Blécourt était fille d'Antoine, dont il
semble utile d'établir ici la filiation complète,
puisque sa descendance directe posséda Tincourt
jusqu'à la Révolution.

I. Fils de Pierre de Blécourt, seigneur de Bé-

Gallois de Blécourt, seigneur de Neuville, avait succédé à sa tante Anne avant 1584. Il était écuyer du cardinal de Bourbon-Vendôme et son favori. Celui-ci lui inféoda divers biens apparteuant aux couvents dont il était abbé commendataire, notamment la cense de Campagny-en-Baine, dépendant de l'abbaye d'Ourscamps, et celle de Margères-lès-Douilly, dépendant de l'abbaye de Corbie. Gallois de Blécourt acquit, le 7 avril 1595, la terre de Hamel-lès-Tincourt, d'Antoine de Hamel-Bellenglise, maréchal-de-camps.

thencourt-en-Vaux, de La Neuville-lès-Roiset (Roisel) et de Marès en partie, et de Guillemette de la Bove Antoine de Blécourt, seigneur de La Neuville, hérita des biens échus dans la succession paternelle à son frère aîné, Pierre, c'est-à-dire les seigneuries de Béthencourt et des Marets, ainsi que de ceux revenant à sa sœur Adrienne, femme de Jacques de Biencourt Il épousa, avant novembre 1504, Antoinette du Bois, fille de Quentin du Bois, seigneur des Anes, et de Perrine Becquet. Il en eut: 1° François, qui suit ; 2° Anne, femme de Charles de Dargies, qui a motivé cette note, et deux autres enfants dont nous n'avons point à nous occuper.

II. François de Blécourt, chevalier, seigneur de

Avant 1580, il avait épousé Suzanne d'Auxy, fille de Jacques d'Auxy, seigneur de Beaufort, Méharicourt, La Chavatte. et de Jeanne des Champs (de la maison de Marcilly). Il en eut : 1° Antoine, qui suit ; 2° Louis, dit le vicomte de Tincourt, page de la reine, marié d'abord à Denise de la Hissière, puis à Marie de Marle, fille de Louis de Marle, seigneur de Coucy ; 3° Françoise, qui épousa, vers 1620, Louis de Rocque, sieur de Ville.

A Gallois de Blécourt succéda comme seigneur de Tincourt et Hamel, Antoine, son fils aîné. Par contrat du 4 avril 1630,

---

Béthencourt, La Neuville, les Marets, conseiller et maître d'hôtel ordinaire d'Antoine de Bourbon, roi de Navarre, en 1559, gouverneur et capitaine de Ham, épousa Françoise d'Offignies, fille de François, seigneur dudit lieu, et de Jacqueline de Bainquelun, dont sont issus : 1° Antoine, continuateur de la branche aînée, qui n'a point d'intérêt pour nous ; 2° Antoinette, morte en 1616, épouse de Loup de Deffend-en-Auxerrois ; 3° Gallois, chef de la branche de Blécourt-Tincourt, que nous retrouverons dans le texte. (Généalogie inédite de la famille de Blécourt, par M. Gaëtan de Witasse).

il avait épousé Charlotte de Belloy, fille de Thomas de Belloy, seigneur de Saint-Martin, gouverneur du Crotoy, etc., et de Louise de Biencourt.

Dans le cours de l'été 1640, les troupes du maréchal de Châtillon et celles de Jean de Gassion, alors maréchal et colonel de cavalerie, ravagèrent le territoire de Tincourt, coupèrent plus de 700 arbres dans le parc et sur la place, firent tomber l'une des murailles de la cuisine et incendièrent le fournil, en y faisant cuire leur pain (1). Mais à cette époque Antoine de Blécourt était mort, laissant la tutelle de ses 11 enfants à sa veuve, Charlotte de Belloy, qui se remaria, avant 1652, à Jean de Savienoy, seigneur de Lieutel, Morepas, etc.

Parmi ces 11 enfants, nous ne citerons que Gallois II, héritier de la seigneurie de Tincourt. Il épousa, le 8 avril 1652, Madeleine Françoise de Folleville, fille de Paul de Folleville, chevalier, seigneur de Boucly, Beaumartin, Manancourt, etc.

(1) De Beauvillé. Documents inédits, tome IV, pages 531-532.

et de feue Marie de Warluzel. Au contrat figurent comme témoins de Gallois: sa mère, Charlotte de Belloy; son beau-père, Jean de Savienoy; son oncle, Louis de Blécourt, seigneur de la Chavatte, Méharicourt, gouverneur de Corbie; et son cousin, Guillot de Blécourt, seigneur de Beaufort, Hancourt, Bouvincourt, Vraignes, etc. L'épouse était assistée de son père, Paul de Folleville; de son aïeule, Antoinette de Bréville; de son oncle Henri de Warluzel, religieux profès de Corbie, prévôt de Naours etc. (1). Cette alliance eut pour résultat de mettre fin aux dissensions qui existaient de temps immémorial entre les seigneurs de Tincourt et ceux de Boucly, dissensions engendrées par des compétitions de droits seigneuriaux mal délimités. Madeleine-Françoise de Folleville apporta en dot à son mari tous les droits vrais ou prétendus de ses ancêtres sur Tincourt ou le Hamel, ainsi que la propriété du bois de Boucly, situé à l'extrémité du territoire du Hamel, près de la Fosse-à-Caudron.

(1) Archiv. de la Somme. B 475, f. 7, v°

Mais elle mourut en couches, en 1655, laissant un enfant qui lui survécut de quelques jours, et transporta ainsi l'héritage
maternel à son père.

Gallois II prit une seconde alliance
avec Jeanne de Séricourt-d'Esclainvillers,
l'une des 12 enfants de Charles de Séricourt-d'Esclainvillers, seigneur de Folleville, et de Charlotte de Brion. De ce
mariage naquit Charlotte-Gallois de Blécourt.

Celle-ci porta les seigneuries de Tincourt
etc., en dot à son cousin-germain,
Charles - Thimoléon Ier de Séricourt -
d'Esclainvillers (1), qu'elle épousa en
1672. Dès lors, le château de Tincourt
fut complètement délaissé.

Charles-Thimoléon Ier de Séricourt
avait été baptisé à Folleville, le 3 février
1651. Il fut le premier marquis d'Esclainvillers, et joignit à ce titre ceux de seigneur de Folleville, Saint-Mard (en
Chaussée), Marigny, *Tincourt*, Malpart en

---

(1) Séricourt-d'Esclainvillers : *d'argent à la
croix de gueules, chargée de 5 coquilles d'or.*

partie, etc., maréchal-des-camps et armées du roi, chevalier de Saint-Louis. Il mourut vers 1708, laissant un fils qui suit.

Charles-Thimoléon II, de Séricourt, marquis d'Esclainvillers, etc , mestre de camps d'un régiment de cavalerie, épousa par contrat du 27 octobre 1709, Marie-Michelle de Cour de Bonviller, dame de Raineval, Thory, Louvrechy et Sauvillers, dont il eut 3 enfants : 1° Charles-Thimoléon Denis-Barthélemy de Séricourt, né à Paris le 20 mai 1710, mort à 19 ans à Saarlouis, où il était capitaine au régiment de Peyre-Cavalerie ; 2° Marie-Charlotte, qui épousa Jacques-Germain de Conty-d'Hargicourt (canton de Moreuil) ; 3° Marie-Michelle, née le 18 juin 1713, épouse du comte de Mailly. Nous la retrouverons plus loin.

La marquise d'Esclainvillers tomba en démence et mourut après avoir été enfermée d'abord à la Bastille, par ordre du roi, en 1715, puis internée au couvent des Ursulines d'Argenteuil, en 1718. Quant à son mari, le marquis Thimoléon II de Séricourt-Esclainvillers, il fut nommé brigadier des armées du roi, le 5 mai 1719, et mourut le 28 février 1751.

Marie-Michelle de Séricourt-d'Esclain-villers, seule survivante et unique héri-tière de Thimoléon II, devint, comme il a été dit, comtesse de Mailly en épousant, le 28 février 1737, Joseph-Augustin de Mailly, comte de Mailly, marquis d'Hau-court, baron de Saint-Amand, châtelain de la Roche-de-Vaux, Douvres, La Faigne, Pont-Vallain, seigneur d'Assigny, Saint-Léger, *Tincourt*, Saint Mard et autres lieux. (2) La comtesse de Mailly mourut le 28 septembre 1778, et fut inhumée à Folleville.

Pour le comte de Mailly, après avoir reçu les charges de lieutenant-général des armées du roi, inspecteur de la cava-lerie des dragons de France, gouverneur d'Abbeville, lieutenant-général de Rous-sillon, Cerdagne et Conflans, commandant en chef dans les trois provinces, Maréchal de France, il alla porter sa tête sur l'échafaud, à Arras, le 3 germinal an II

(2) Mailly : *d'or à trois maillets de sinople.*

(23 mars 1794), à l'âge de 89 ans. C'est lui qui avait été chargé de défendre les Tuileries, le 10 août 1792.

En mourant, le 28 septembre 1778, la comtesse de Mailly avait laissé la jouissance de ses biens à son époux. Mais celui-ci, par transaction du 24 juillet 1781, les avait abandonnés à leur fils, Louis-Marie, duc de Mailly, grand-croix de l'Ordre de Malte. Il fut le dernier seigneur de Tincourt, et mourut à Amiens, le 6 décembre 1792, près de 16 mois avant l'exécution de son père (1).

§ II. — Eglise et Prieuré

Avant la Révolution, l'église et la cure de Tincourt appartenaient à l'abbaye Augustine de Saint-Barthélemy de Noyon, qui, de temps immémorial, faisait desservir la paroisse par un de ses religieux, revêtu du titre de prieur.

Les titulaires de ce bénéfice dont les noms sont parvenus jusqu'à nous furent :

(1) V. de Beauvillé. Documents inédits, tome IV, pages 633 à 635, et passim.

en 1640, Jean Bocquet ; 1698, Esnault ;
1713, Mazan, décédé le 27 février 1742, et
inhumé dans le chœur de l'église ; 1742
Deslordeur ; 1753 Hanosset, fondateur du
Bureau de bienfaisance (1) ; 1779 Darlot.
Ce dernier mourut curé de Cartigny, vers
1830.

En 1785, il avait fait reconstruire
l'église qui menaçait ruine, par suite des
éboulements survenus dans les souter-
rains sur lesquels elle était construite.
L'ancien édifice était antérieur au XIII⁴
siècle, si l'on en juge d'après une pierre
tombale de cette époque, découverte en
1893, dans le chœur, lors du renouvel-
lement du dallage. La pierre, assez
fruste laissait néanmoins lire ce frag-
ment d'inscription : *Chi gist Ydoine, dame
de Boucly, qui trépassa l'an de grâce
M. II.....*

(1) Aux libéralités du prieur Hanosset, sont
venues s'adjoindre celles de la famille de Layens,
de MM. et Mᵐᵉˢ Thomas-Turbaux, Dollé-Ras, et
de Mˡˡᵉ Joséphine Turbaux. Les revenus an-
nuels de cette institution charitable s'élèvent à
534 francs.

L'église actuelle est sous le vocable de Saint-Quentin, comme la précédente. C'est un édifice d'une grande simplicité d'architecture, mais régulier, et dont l'ornementation et l'ameublement, dus à la munificence des principales familles du village, méritent l'attention du visiteur.

La dîme de la paroisse était autrefois partagée entre l'abbaye de Saint-Barthélemy de Noyon, celle d'Arrouaise, et l'Hôtel-Dieu de Péronne.

Tincourt et Boucly appartenaient au diocèse de Noyon et au doyenné rural de Péronne. Ils sont maintenant du diocèse d'Amiens et du doyenné de Roisel.

IV

BOUCLY

§ I. — SEIGNEURIE

Boucly eut jadis des seigneurs de son nom.

Ivon de Boucly possédait aux environs de Ham divers fiefs qu'il donna à l'abbaye de cette ville en 1160. (Charte confirma-

tion de Beaudoin, évêque de Noyon. —
H^{re} de l'arrond^t de Péronne II. 775).

Manassés de Boucly figure à son tour,
en 1190, comme témoin d'une donation
faite à la même abbaye par son voisin,
Gilles de Marquaix (Ibidem. II. 775).

Mais bientôt après le domaine de
Boucly passa entre les mains du roi de
France, avec Hamel-le Quesne. Philippe-
Auguste possédait l'un et l'autre en 1210.

A cette époque, nous l'avons déjà dit,
il les échangea contre la châtellenie de
Bray et de Proyart, avec Gaultier de
Péronne ; et celui-ci fournit aux officiers
royaux dénombrement de son nouveau
domaine, en 1214 (Hist^{re} de Bray, pages
35 et 298. — H^{re} de l'arrond^t de Péronne
II. 775)

Le lecteur a déjà vu comment Lupard,
l'un des fils de Gaultier, reçut en partage
la seigneurie du Hamel et devint chef de
la famille de ce nom, tandis que Jean III
de Péronne, son frère ainé, conservait
Boucly, dont les descendants tirèrent
aussi leur désignation patronymique.

Idoine, dame de Boucly, vivant au
XIIIe siècle, fut inhumée dans l'église de

Tincourt, où sa tombe fut découverte il y a quelques mois.

En janvier 1273, Pierron de Boucly donna au chapitre de Saint-Quentin une maison située en cette ville. Cette libéralité fut confirmée deux ans après (1275) par sa fille Marguerite. (Archiv. de la ville de Saint-Quentin, XIIIᵉ siècle.)

Un autre Pierre de Boucly vendit, en 1303, au chapitre d'Arras, 190 jx de terre qu'il possédait au territoire de Fontaine. Douze ans plus tard (1315), il transigea avec ses cousins, Colard et Jean du Hamel, sur les droits qu'ils possédaient réciproquement sur leurs seigneuries respectives.

Pierre se trouva mêlé, en 1332, aux dissensions féodales qui s'élevèrent entre Gaultier de Chuignolles d'une part, et quelques autres seigneurs des environs de Péronne : Jean Le Loir, Gilles du Câtelet, Mamert de Proyart, etc. Gaultier et Jean de Chuignolles furent tués par leurs adversaires. Ceux-ci, pour expier les meurtres dont ils s'étaient rendus coupables, durent verser 130 livres parisis entre les mains de Pierre de Boucly et

de Marguerite de Buire, sa femme. Cette
somme servit à la fondation d'une chapellenie à Boucly même, en dehors de l'en-
ceinte du château (Colliette, Mémoires sur
le Vermandois, liv. XVI, n° 25, et pièces
justificatives. — Tome II, pp. 727 et 820).
Pierre de Boucly s'intitule seigneur de
Manancourt dans l'acte de fondation de
cette chapellenie.

Maubué de Boucly apparaît à son tour,
avec 31 autres gentilshommes du pays,
comme témoins d'une sentence rendue le
30 septembre 1336, par Robert de Charny,
bailly de Vermandois, entre les moines
d'Arleux-lès-Bray et Jean de Châlon, seigneur dudit Bray. (Histoire de Bray,
p. 106.)

Gilles Mallet de Boucly fournit aux
officiers royaux, le 12 avril 1399, dénom-
brement et aveu de ses terres de Buire,
Boucly, Hamel et Heudicourt en partie.
(Histoire de l'arrondissement de Péronne,
II, 777.)

Regnault des Merliers, homme d'armes
des ordonnances du roi, capitaine-com-
mandant la place de Péronne, s'intitule
seigneur de Boucly, en 1550, qualification

que prenait à son tour Jean des Merliers, avocat, mayeur de Péronne, en 1576 (1).

Mais à la fin du XVIᵉ siècle, le domaine était passé entre les mains de la famille de Breuille ou de Bréville (2), dont l'héritière, Antoinette, épousa Louis de Folleville, seigneur de Beaumartin (fief à Manancourt) et autres lieux (3). Louis de Folleville étant mort au château de Beaumartin, à l'âge de 56 ans, fut inhumé dans l'église de Manancourt, le 27 mars 1614, et sa veuve, Antoinette de Bréville, revint avec ses 6 enfants à Boucly, où elle mourut à 80 ans, vers 1650.

Paul de Folleville, l'aîné de ses fils, avait vu le jour à Beaumartin, le 8 mai 1599. Il épousa, le 27 mars 1629, Marie de Warluzel, sa cousine au troisième degré,

(1) La famille des Merliers portait : *d'argent à la bande de gueules, chargée de 3 merlettes du champ.*

(2) Bréville : *de gueules au chef cousu de sable, à 3 roses d'argent, 2 en chef sur le sable, et 1 en pointe sur les gueules.*

(3) Folleville : *d'or à 10 losanges de gueules, 3. 3. 3. 1.*

et réunit au domaine de Beaumartin celui de Manançourt, par l'acquisition qu'il en fit d'Antoine d'Estourmel, le 30 avril 1633. Paul de Folleville servait dans les armées du roi Louis XIII, lorsqu'éclata la guerre contre l'Espagne. La proximité des armées belligérantes, en 1635, contraignit sa famille à quitter le château de Beaumartin, pour venir occuper celui de Boucly, plus abrité contre un coup de main des coureurs ennemis. C'est là que Marie de Warluzel mourut en couches, durant l'absence de son mari, en 1643. La paix faite, Paul de Folleville rentra dans ses foyers et fit, en 1651, l'acquisition de la seigneurie de Nurlu.

Nous avons dit plus haut les démêlés qu'il eut alors avec le comte de Montignac au sujet de la chapelle de Moyenpont.

Boucly fut, au XVIIe siècle, le théâtre d'aventures assez dramatiques. Avant de mourir, Antoinette de Bréville avait donné asile à Marie de Bréville, sa nièce orpheline, et lui avait fait épouser un autre neveu, le sieur de Sennerac, vicomte de Porthus. Marie de Bréville ayant refusé, quelques mois plus tôt, sa main au sieur

d'Hennery, gentilhomme gascon, capitaine d'infanterie à Péronne, et favori du
maréchal d'Hocquincourt, le prétendant
éconduit avait juré la mort de quiconque
épouserait cette jeune fille. En effet, le
lendemain des noces, d'Hennery se présente au château de Boucly, provoque le
vicomte de Porthus et le tue. Ce meurtre
resta impuni, grâce à la connivence cou-
pable du maréchal d'Hocquincourt, gouverneur de Péronne. Quelques années
plus tard, Marie de Bréville prit une nou-
velle alliance avec N. d'Estourmel du
Frétoy. Aussitôt, d'Hennery revient auda-
cieusement à Boucly et propose un duel
ans quartier au nouvel époux qui l'ac-
cepte. Mais, cette fois, le vindicatif gascon
succombe et trouve la mort sous le poi-
gnard de son adversaire (1).

Paul de Folleville mourut le Jeudi-Saint

---

(1) Les archives du château de Manancourt
relatent cet épisode avec beaucoup plus de détails.
On les trouve reproduits, de même que tout ce
que nous disons ici des Folleville, dans la Généalogie (inédite) de cette famille, par R. Morel, lau-
réat de la Société des Antiquaires de Picardie.

1658, à la suite d'une saignée maladroitement pratiquée par son médecin. Il avait eu 5 enfants de sa femme Marie de Warluzel : 1° Madeleine-Françoise, épouse de Gallois II de Blécourt, seigneur de Tincourt (voir plus haut le paragraphe consacré aux seigneurs de Tincourt) ; 2° Charles de Folleville, qui suit ; 3° Marie, épouse du sieur de la Myre de la Mothe, qui suivra ; 4° Charlotte, morte religieuse au couvent du Petit-Pont, à Saint-Quentin, en 1694 ; 5° Anne, épouse de N. Dutot.

Charles de Folleville naquit le 1er avril 1635. D'abord simple volontaire, puis officier au régiment de *Commissaire-général-cavalerie*, avec Gallois II de Blécourt, son beau-frère, régiment commandé par le sieur d'Esclainvillers *à la jambe de bois*, il servait, en 1654, sous les ordres de Turenne, contre le prince de Condé.

Turenne ayant campé avec 15.000 hommes à Manancourt, dut se retirer sous le canon de Péronne, devant le prince révolté, qui venait l'attaquer à la tête de 25.000 Espagnols. Condé incendia le château et le village de Manancourt, pour se venger de Charles de Folleville et de Paul, son père.

La paix faite, Charles continua d'habiter Boucly, jusqu'au moment où il eut fait restaurer Manaucourt.

Le 20 novembre 1661, le seigneur de Boucly donna aux Trinitaires de Templeux-la-Fosse 17 setiers de blé, à prendre annuellement sur sa terre de Manaucourt, à charge de dire le samedi de chaque semaine une messe pour le donateur et ses ancêtres, et de chanter chaque année cinq messes, à la chapelle de Moyenpont, dans les octaves de la Purification, de l'Annonciation, de l'Assomption, de la Nativité et de la Conception, messes auxquelles ledit seigneur de Boucly devait être invité, huit jours à l'avance, et attendu jusqu'à dix heures du matin. Mais les Trinitaires, fort exacts à toucher le prix de cette fondation, le furent moins, paraît-il, à en acquitter les charges. Aussi, cette libéralité fut-elle promptement annulée.

Charles de Folleville avait épousé en premières noces, le 1er février 1663, Catherine Dalès, dame d'Holnon, etc., demeu-

rant à Saint-Quentin, chez sa mère, Catherine de Hédouville, deuxième femme de
François des Essarts, seigneur de Li-
gnières, maréchal des camps et armées du
roi, gouverneur de Saint-Quentin. Catherine Dalès mourut le 20 mai 1680 et fut
inhumée à Manancourt. Charles de Folleville épousa alors en deuxièmes noces
Clémence-Gabrielle de Lameth, fille de
Louis de Lameth, seigneur de Bussy,
Bresles, etc., et de Anne Le Musnier. Le
contrat de cette alliance fut signé au
château de Pinon, le 26 décembre 1681. De
ce mariage naquirent trois enfants : 1°
Anne-Renée ; 2° Gabriel, le 25 septembre
1684 ; 3° Marie-Louise, le 14 octobre 1685.
Mais aucun de ces enfants ne posséda
Boucly.

Dès le 17 septembre 1668, en effet,
Marie de Folleville, sœur de Charles,
épousa Gabriel de la Myre (1), seigneur de

---

(1) La Myre : *d'azur à 3 aigles d'or becquées,
membrées et diadémées de gueules ; écartelé d'argent à la bande de gueules cotoyée en chef de
3 oiseaux de sable posés sur la bande et accom-
pagnée de deux tourteaux, aussi de sable, 1 en chef
et 1 en pointe* (d'Hozier).

la Mothe-Séguier et Eterpigneul (depuis nommé La Myre) près Eterpigny, capitaine au régiment de Rambures. Charles de Folleville, à l'occasion de cette alliance, donna à sa sœur Boucly, plus 1.000 livres pour son trousseau (contrat du 30 juillet 1668) (1) Marie de Folleville mourut à Pignerol, ville dont son mari était gouverneur, laissant pour fille et unique héritière la suivante.

Lucie de la Myre, à peine âgée de douze ans et demi, fut alliée à Pierre-François de Cardevac, seigneur de Gouy (2). Elle en eut quatre enfants, dont trois jumeaux, morts en naissant, et Antoine-Clément de Cardevac, né vers 1695.

Antoine de Cardevac, âgé de vingt ans à peine, épousa, le 22 décembre 1715, au château de Davenescourt, Geneviève du Mesniel-Longuemort, dame de Cavoye, Bouchoir, Folies, Vraignes, Bouvincourt, Hancourt, la Boisselle et la cense de Belloi-en-Vermandois. Geneviève avait alors

---

(1) Le mariage eut lieu à Manancourt, le 17 septembre 1668. La noce dura trois semaines.

(2) Cardevac-Gouy : *d'Hermines, au chef de sable, brisé d'un lambrel de gueules* (d'Hozier).

cinquante ans et se trouvait de près de dix ans plus âgée que sa belle-mère.

Cette union fut stérile. Antoine de Cardevac dissipa une grande partie de sa fortune et fut contraint de vendre le domaine de Boucly, le 5 mai 1739. Geneviève du Mesniel-Longuemort, sa femme, se retira à Péronne, où elle mourut en 1752 (1).

Boucly était alors devenu la propriété de messire Claude-Adrien de Cour, secrétaire du roi, seigneur de Bussu, Cartigny, Fonches et autres lieux (2), qui mourut le 9 septembre 1755, et fut inhumé dans le chœur de l'église de Boucly, en présence de Jean-Pierre Debray, curé de Marquaix, de Maxime-Philippe Duriez, religieux d'Arrouaise, curé de Cartigny, et de Jean-Charles de Fay, chevalier de Saint-Louis, commandant d'artillerie à Saint-Quentin.

Il eut pour successeur son fils, Claude-

(1) Beaufort et ses seigneurs, par l'abbé Hoin, p 261.

(2) De Cour : *d'azur à une lune en décours ou croissant contourné d'argent, accompagné de 3 étoiles de même, 2. 1.*

François-Abucon de Cour, écuyer, seigneur des lieux susdits. Claude-François mourut à 26 ans, et fut inhumé, comme son père, en l'église Saint-Omer de Boucly, le 16 septembre 1762, en présence de N. Pincepré, seigneur de Buire, de Maxime Duriez, prieur de Carligny, etc.

Les héritiers de Claude-François de Cour vendirent Boucly, en 1776, à Louis-Denis - Hyacinthe - Joseph, marquis de Thieffries-Beauvois de Rœux (1). Né à Rœux (Artois), le 7 octobre 1753, le marquis de Rœux devint chevalier de Saint-Louis et maréchal des camps et armées du roi. Il acquit, en 1787-1792, de Louis-Marie d'Estourmel, les domaines de Marquaix, Hamel-le-Quesne et Tincourt en partie. Il mourut à Boucly, le 19 octobre 1821, et fut inhumé en la chapelle de Moyenpont, où sa femme, Marie-Rosalie Scorrion, l'avait précédé, le 15 mai 1819.

Le marquis de Thieffries-Rœux n'ayant point laissé d'héritier direct, sa succession fut dévolue à la branche de Thieffries de

---

(1) Thieffries : *d'argent à 4 jumelles de gueules, en bande, accompagnées de 9 merlettes de sable.*

Layens, qui habite aujourd'hui le château
de Boucly.

Ce château, dans son état primitif,
avait été construit, vers 1750, par Claude
de Cour. Mais il a été restauré et complètement transformé, vers 1865. Le parc,
aussi de création récente, occupe, avec
ses annexes immédiates, une superficie
d'environ 85 hectares, au centre desquels
se trouve un étang de 4 hectares.

§ II. — EGLISE ET VICARIAT

La première église construite à Boucly,
en expiation du meurtre de Jean et de
Gaultier de Chuignolles, n'existait plus
depuis longtemps, lorsque, par testament
de 1658, Paul de Folleville ordonna à ses
héritiers d'en bâtir une autre, longue de
50 pieds et large de 22, « pour y faire un
« secours comme celui d'Etricourt à
« Manancourt ; pourquoi il veut qu'il soit
« baillé et payé au curé de Tincourt, par
« an, 60 l. de rente, jusqu'à ce qu'il soit
« baillé audit curé des terres en ladite
« paroisse, de pareil revenu. »

Mais la volonté du testateur se heurta à

l'opposition formellé du prieur de Tincourt, sous prétexte que la proximité de son église priorale rendait un binage inutile. Ce fut en 1689 seulement que cette oppo-sition fut levée. Avec l'autorisation de Mgr François de Clermont, évêque de Noyon, l'église actuelle fut alors cons-truite sur un terrain acheté par Charles de Folleville, du consentement de Pierre Cardevac-Gouy, son petit neveu, seigneur de Boucly. Cette église, placée sous le vocable de Saint-Omer, ne présente abso-lument rien de remarquable.

Elle fut desservie jusqu'à la Révolution par des vicaires, dont les noms suivent : 1689, Betrancourt ; — 1707, Dehec ; — 1734 Gossart ; — 1738, Bellier ; — 1742, Debray ; — 1745, Longuet ; — 1758, Moreaux ; — 1761, Degouy ; — 1772, de la Porte ; — 1776, Prévost ; — 1777, Lamy ; — 1780, Palin. — Ce dernier renonça à la prêtrise à la Révolution, et devint le premier juge de paix du canton de Roisel.

La dîme appartenait autrefois à l'abbaye de Saint-Barthélemy de Noyon. Celle-ci l'inféoda aux seigneurs de Boucly, à une époque où le domaine était encore entre les mains des Folleville.

V

BELLOI-EN-VERMANDOIS

Belloi-en-Vermandois ne fut jamais, croyons-nous, un village proprement dit, mais un simple manoir seigneurial, accompagné de ferme ou cense, comme celles que l'on voit encore en si grand nombre dans les environs : Nobécourt, par exemple, ou Révelon, Montigny. Bias, Senaves, Beaumetz, le Câtelet, Santin, etc., etc.

La seigneurie de Belloi-en-Vermandois chevauchait sur les territoires actuels de Boucly, de Bernes et de Hancourt. Son peu d'importance relative l'a fait méconnaître de certains auteurs, notamment de J. Garnier (dict. topograph.), du chanoine de Cagny (Hre de l'Arrrondt de Péronne), et de M. l'abbé Hoin (Beaufort et ses seigneurs). Ces écrivains l'ont confondu avec Belloy-en-Santerre, près Chaulnes, le Santerre ayant fait partie du Vermandois.

Belloi-en-Vermandois eut jadis des seigneurs de son nom, dont un armorial du XVI° siècle nous fait connaître le blason : *bandé de 6 pièces d'argent et de gueules.* (De Cagny, arrond¹ de Péronne. I. 679).

Mathieu de Belloi apparaît comme vassal de Gaultier de Péronne, dans le dénombrement de la seigneurie de Boucly, présenté par celui-ci au roi, en 1214.

Vers la même époque, Robert de Belloi rendait foi et hommage à Gilles de Marquais.

Il nous faut ensuite franchir trois siècles pour renouer la chaîne interrompue de nos seigneurs. Ils étaient de la famille de Hauteville, en 1550. A cette date, Fursy de Hauteville se qualifie écuyer, seigneur de La Boissière, Hancourt et Belloi-en-partie. (1).

Son fils, Claude, eut une fille, Nicole de Hauteville, dame des lieux susdits, qui épousa le 11 juillet 1597, Jacques Ogier de

---

(1) Hauteville : *parti ; le 1ʳ de.... au lion de.... ; au 2°, coupé de ... au lion de...., et de.... semé de fleurs de lys.* (Beaufort et ses seigneurs).

Cavoye (1), seigneur de Bas-de-Villières, Beaufort, Bouchoir, Vraignes, etc, vicomte de Gollencourt. Deux ans plus tard, Jacques de Cavoye obtint la maintenue de sa noblesse. De lui naquirent 3 enfants: Louis de Cavoye, seigneur de Hancourt, capitaine au régiment de Longueval, mort et inhumé en 1626 à Saint-Cheffrain, près Briançon ; Gilbert Ier, qui suit, et N...

Gilbert Ier, marquis de Cavoye, seigneur de Beaufort, Bouchoir, *Belloi-en-Vermandois*, Bouvaincourt, Vraignes, Hancourt, Hauteville, etc., devint l'un des gentilhommes de la chambre du roi, son conseiller et maître-d'hôtel, et capitaine des gens d'armes du maréchal d'Hocquincourt. Né en 1605, il mourut le 23 février 1683, à 78 ans, après avoir eu 19 enfants de Madeleine Aubery, qu'il avait épousée par contrat du 21 avril 1632. Parmi ces 19 enfants nous citerons seulement la première, Marie, née le 1er

---

(1) Ogier de Cavoye : *de sable à la bande d'or, chargée de 3 lions du champ, lampassés et armés de gueules.*

février 1633, mariée le 9 juin 1653, à Charles du Plessier, sieur de Sertemont ou Certemont, près Roisel ; la septième, Geneviève, que nous retrouverons dans un instant ; la huitième, Madeleine, née le 25 février 1642, morte célibataire à Hancourt, et inhumée à Vraignes, le 12 avril 1708 ; le douzième, Joseph, qui suit ; la treizième, Françoise-Louise, née le 4 octobre 1647, aussi décédée célibataire et inhumée aux mêmes lieux que sa sœur, le 1er mars 1701 ; enfin, le dix-huitième, Charles II, dont nous aurons à parler plus loin.

A Joseph de Cavoye, né le 22 juillet 1646, échurent les terres et seigneuries de Vraignes, Bouvincourt, Hancourt, *la cense de Belloi-en-Vermandois*, etc. Après avoir été capitaine des fusilliers du roi, il mourut à Paris, le 26 avril 1705, laissant pour usufruitière de ses biens sa sœur, Geneviève de Cavoye, et pour nue-propriétaire la fille de celle-ci.

Geneviève de Cavoye, née le 2 octobre 1640, épousa en 1res noces, le 21 juillet 1664, Pierre de Boistel, seigneur de Sorel, que son frère, Claude de Boistel, seigneur de Vice, assassina d'un coup de pistolet, à l'instigation d'une servante. Pierre mourut quelques mois après l'attentat dont il avait été victime, et institua sa femme légataire universelle.

Veuve à 26 ans, Geneviéve de Cavoye se remaria, par contrat du 21 avril 1666, avec Henri du Maisniel de Longuemort (1) dont elle eut 4 enfants, entre autres Henri du Maisniel, dit le chevalier du Longuemort, et Geneviève du Maisniel.

Celle-ci, à la mort de sa mère, entra en pleine possession des seigneuries de Cavoye, Bouchoir, Folies, Vraignes, Hancourt, la *cense de Belloi en-Vermandois*, que son oncle Joseph lui avait léguées. Elle épousa Antoine-Clément de Cardevac de Boucly, dont le nom s'est déjà trouvé sous notre plume (voir ci-dessus les seigneurs de Boucly).

A l'instigation de son mari, Geneviève du Maisniel-Longuemort vendit à François-Dominique de Cardevac, marquis

(1) Du Maisniel de Languemort : *d'argent à 2 fasces de gueules, chargées chacune de 3 besans d'or.*

d'Havrincourt, cousin germain du seigneur de Boucly, les terres de Vraignes,
Bouvincourt, Hancourt, la Boisselle et la
cense de Belloi. Le contrat de vente fut
signé le 3 avril 1730, au prix du 113.000
livres. Il cachait une véritable donation,
car les domaines cédés valaient au moins
600 000 livres. Aussi, le chevalier Henri
de Longuemort, frère de la dame de
Boucly, et leur oncle, Charles II de Cavoye,
tentèrent-ils d'entraver la vente en ar-
guant de leur droit de retrait lignager.
Mais ils ne semblent pas avoir réussi, car
la cense de Belloi, aussi bien que les
terres de Hancourt, etc., appartenaient
encore aux marquis d'Havrincourt à la
Révolution.

La cense de Belloi n'existe plus. Il ne
reste que le souvenir de son emplacement
et du chemin qui conduisait ses habitants
à l'église de Tincourt, à travers les
marais.

APPENDICE

Maires de Tincourt-Boucly : Caffart, Jean-Charles (1789) ; — Cassel ; — Patin, ex-vicaire de Boucly (an VIII) ; — Eloy (an X) ; — Rat (1815) ; — Cassel, Auguste (1821) ; — Caffart, Charles-Michel (1823); — Caffart, Cyrille (1848) ; — Caffart, Jules (1858) ; — Cassel, Emile-Jules (1871) ; — Caffart, Elysée (1881), encore en exercice. En 1886, M. Caffart, Elysée, fit construire sur les plans de M. Darcourt, architecte à Péronne, une mairie-école qui fait l'or-nement du village.

Curés, depuis le Concordat : Dupuis (1802) ; — Hocquet (18...) ; — Brochart (18...) ; — Delawarde (1854) ; — Legrand (1888) ; Saintot (1895).

Instituteurs, avant et pendant la Révo-lution : Léguillier, clerc séculier ; —

Havel, Auguste. *Depuis la Révolution :*
Chaponnet ; — Elévé ; — Bachelet ; —
Mouret (1844) ; — Gaujot (1870), encore
en exercice.

L'école resta mixte jusqu'en 1869. A
cette époque fut créée, sous la direction
des sœurs de Torfou, une école de filles,
à laquelle vint s'adjoindre une école
enfantine mixte, en 1886.

www.ingramcontent.com/pod-product-compliance
Lightning Source LLC
LaVergne TN
LVHW022152080426
835511LV00008B/1366